BEI GRIN MACHT SICH I...
WISSEN BEZAHLT

- Wir veröffentlichen Ihre Hausarbeit,
  Bachelor- und Masterarbeit

- Ihr eigenes eBook und Buch -
  weltweit in allen wichtigen Shops

- Verdienen Sie an jedem Verkauf

Jetzt bei www.GRIN.com hochladen
und kostenlos publizieren

Alexander Schaaf

Digitales Publishing am Beispiel von WoodWing

GRIN Verlag

Bibliografische Information der Deutschen Nationalbibliothek:

Die Deutsche Bibliothek verzeichnet diese Publikation in der Deutschen National-
bibliografie; detaillierte bibliografische Daten sind im Internet über http://dnb.d-
nb.de/ abrufbar.

Impressum:

Copyright © 2011 GRIN Verlag GmbH
Druck und Bindung: Books on Demand GmbH, Norderstedt Germany
ISBN: 978-3-656-26498-9

Dieses Buch bei GRIN:

http://www.grin.com/de/e-book/200304/digitales-publishing-am-beispiel-von-
woodwing

GRIN - Your knowledge has value

Der GRIN Verlag publiziert seit 1998 wissenschaftliche Arbeiten von Studenten, Hochschullehrern und anderen Akademikern als eBook und gedrucktes Buch. Die Verlagswebsite www.grin.com ist die ideale Plattform zur Veröffentlichung von Hausarbeiten, Abschlussarbeiten, wissenschaftlichen Aufsätzen, Dissertationen und Fachbüchern.

Besuchen Sie uns im Internet:

http://www.grin.com/

http://www.facebook.com/grincom

http://www.twitter.com/grin_com

FOM Hochschule für Ökonomie & Management
Frankfurt am Main

Berufsbegleitender Studiengang zum

Bachelor of Science - Wirtschaftsinformatik

6. Semester, Sommersemester 2011

Seminararbeit (Content Management Systeme)

Digitales Publishing am Beispiel von WoodWing

Autor: Alexander Schaaf

30. April 2010

Inhaltsverzeichnis

Inhaltsverzeichnis I

Abkürzungsverzeichnis II

Abbildungsverzeichnis III

1   Einleitung 1

2   Definitionen 2

    2.1   Enterprise Content Management 2

    2.2   Digitales Publishing 2

    2.3   Tablet-Computer 3

    2.4   PDF 3

    2.5   XML 3

3   Grundlagen 4

    3.1   Möglichkeiten des digitalen Publishing 4

    3.2   WoodWing 4

        3.2.1   Technik der ECM-Software 5

        3.2.2   Ausgabekanäle der ECM-Software 5

    3.3   Wettbewerber Adobe 7

4   Erstellen eines digitalen Magazins mit WoodWing 8

    4.1   Vorgehen 8

    4.2   Vorteile 8

    4.3   Risiken 10

5   Resümee 11

Literaturverzeichnis .... A

Monographien .... A

Zeitungsartikel .... A

Internetseiten .... A

White Paper .... B

Abkürzungsverzeichnis

AIIM	Association for Information and Image Management
Air	Adobe Integrated Runtime
E-Publishing	Electronic Publishing
ECM	Enterprise Content Management
FAZ	Frankfurter Allgemeine Zeitung
PDF	Portable Document Format
PHP	PHP Hypertext Preprocessor
WCMS	Web Contenent Management System
WWW	World Wide Web
XML	Extensible Markup Language

Abbildungsverzeichnis

Abbildung 1: Ausgabekanäle der ECM-Software 6

Abbildung 2: Ablauf der Erstellung eines Magazins 9

Abbildung 3: Tabelle mit Gerätedaten 10

1 Einleitung

„Die Verlage stecken mitten in einer technischen Revolution. Ist heute noch Papier das vorrangige Trägermedium der Nachrichten- und Verlagsbranche, werden es morgen Flachbildschirme sein"[1]. Diese Aussage tätigte Shantanu Narayen, Vorstandsvorsitzender von Adobe Systems, in einem Interview in der Frankfurter Allgemeinen Zeitung (FAZ). Diese Veränderung im Publishing Markt bietet Softwarehäusern wie Adobe und WoodWing große Wachstumschance. Ihre Produkte sind auch für das digitale Publishing vorbereitet. Viele Verlage, Werbe- und Marketingunternehmen müssen ihre Geschäftsmodelle neu ausrichten. Die Inhalte müssen vom Papier auf den Bildschirm wandern oder parallel verfügbar sein.[2]

In dieser Seminararbeit wird das Thema digitales Publishing am Beispiel des Unternehmens WoodWing betrachtet. WoodWing hat dazu mehrere Softwareprodukte auf den Markt gebracht. Diese fallen in die Softwarekategorie Enterprise Content Management (ECM). In Kapitel 2 werden einige vom Autor als wichtig erachtete Begriffe definiert. Kapitel 3 legt die Grundlagen für Kapitel 4. Dort wird der Vorgang zum Erstellen eines digitalen Magazins beschrieben. Ein Resümee zieht der Autor in Kapitel 5.

---

[1] Finsterbusch (2011), o. S.
[2] Vgl. Finsterbusch (2011), o. S.

2 Definitionen

2.1 Enterprise Content Management

Der Begriff ECM gilt als Wortschöpfung der Association for Information and Image Management (AIIM). Die AIIM ist eine Nonprofit-Organisation und existiert seit 60 Jahren. Ihre Aufgabe ist es, Nutzer bei den Herausforderungen vom Dokumentenmanagement zu unterstützen.[3]

Enterprise Content Management ist ein Sammelbegriff unter den alle Produkte, Technologien, Werkzeuge sowie Methoden und Prozesse fallen, die dazu dienen Inhalte (engl. content) zu verarbeiten. Darunter fallen die Erfassung, Bearbeitung, Verwaltung als auch das Publizieren und Archivieren, sowie der Schutz der Informationen und Daten. Dabei können die Inhalte in strukturierter oder unstrukturierter Form vorliegen. Die ECM-Lösungen basieren dabei auf etablierten Komponenten, wie z. B. elektronischer Archivierung, Workflow-Management oder Web Content Management.[4]

Das Ziel von ECM ist es, alle unternehmensrelevanten Daten und Informationen aus unterschiedlichen Quellen zusammenzuführen und den Mitarbeitern zuzuordnen. Dabei erfolgt die Zuordnung anhand von Aufgaben und Rollen.[5]

2.2 Digitales Publishing

Für den Begriff digitales Publishing wurde noch keine allgemeingültige Definition festgelegt. Definiert ist lediglich der Begriff E-Publishing (electronic Publishing), elektronisches Publizieren. Gemeint ist, dass Informationen auf elektronischem Wege erfasst, formatiert, publiziert und verteilt werden. Darunter fällt die Erstellung eines elektronischen Magazins oder auch einer Email.[6]

Dabei steht nicht die elektronische Erstellung des Inhaltes im Vordergrund, sondern die elektronische Publizierung. Informationen digital zu erstellen und zu bearbeiten ist heute zu Tage profan. Nur das Nutzen eines elektronischen Gerätes bei der Erstellung der Informationen macht das Publizieren nicht zum elektronischen Publizieren. Erst das Veröffentlichen der Informationen auf einem oder mehreren

---

[3] Vgl. AIIM (o. J.), o. S.; Riggert (2009), S. 5
[4] Vgl. Riggert (2009), S. 4, S. 5
[5] Vgl. Riggert (2009), S. 4
[6] Vgl. ITWissen (o. J.) ePublishing, o. S.

elektronischen Wegen rechtfertigt den Begriff E-Publishing. Als Beispiel kann hier das Erzeugen einer PDF-Datei (Portable Document Format, deutsch: portables Dokumentenformat) genannt werden. Wird diese Datei nur als Transportmedium der Informationen zum Drucker genutzt, dann ist es kein E-Publishing. Wird die Datei zusätzlich noch per Internet oder Email publiziert, dann ist es E-Publishing.[7]

2.3 Tablet-Computer

Ein Tablet-Computer, kurz Tablet genannt, ist ein mobiler Computer der komplett im Gehäuse mit einem berührungsempfindlichen Bildschirm, Touchscreen, montiert ist. Bedient wird er im Regelfall per Finger, seltener per Stift.[8]

2.4 PDF

Das Portable Document Format (PDF) wurde von Adobe entworfen. Es hat sich zum Standard für elektronische Dokumente entwickelt, die unabhängig vom Anwendungsprogramm und Betriebssystem immer in gleicher Form betrachtet und gedruckt werden können. Die PDF-Datei enthält die Beschreibung der visuellen Aspekte, deren Lage und Informationsgehalt auf der jeweiligen Seite. Das Format ist essentiell im Bereich des Schriftsatzes und Layouts, bei der Druckvorbereitung und des Druckes selbst, sowie der Auslieferung und Darstellung von definierten Dokumenten im Internet.[9]

2.5 XML

Die Extensible Markup Language (XML) wurde zur Darstellung hierarchisch strukturierter Daten entwickelt. Sie ist keine Lösung für ein statisches Problem, sondern ein flexibler Lösungsansatz. Eingesetzt wird sie z. B. zur Beschreibung von Magazinen oder Enzyklopädien. Im Publishing werden Daten und Informationen durch XML in einer strukturierten und formatierten Form dargestellt und verbreitet.[10]

---

[7] Vgl. Bear, J. H. (1997), o. S.
[8] Vgl. PCMag (o. J.) tablet computer, o. S.
[9] Vgl. Kasdorf, W. E. (2003), S. 26
[10] Vgl. Kasdorf, W. E. (2003), S. 26

3 Grundlagen

3.1 Möglichkeiten des digitalen Publishing

Der entscheidende Vorteil von digitalem Publishing gegenüber klassischem Publishing ist, das genauere Auswertungen über die Kunden erfolgen können. So interessieren sich die Werbeschalter wer die Inhalte konsumiert, Herausgeber welchen Inhalte populär sind und Publisher interessieren sich dafür, welches Business Modell am besten funktioniert. So soll ermittelt werden, wie viele Leute ein Magazin gekauft und wie lange sie sich im Magazin aufgehalten haben. Auch was sie dort genau angeschaut und auf welcher Seite sie das Magazin verlassen haben interessiert dir Verlage. Beim klassischen Publishing auf Papier kann kein Analyst feststellen, ob ein Kunde die Werbung in der Zeitung wahrgenommen hat. Dabei macht Werbung den größten Teil des Umsatzes von Verlagen aus.[11]

Ein positiver Aspekt des digitalen Publishings auf Tablets ist es, dass die Nutzer bereit sind, Geld für digitale Inhalte auszugeben. Im „World Wide Web" (WWW) haben die Nutzer nie gelernt für Inhalte zu bezahlen. Dies versuchen die Verlage seit Jahren nachträglich zu ändern, welches nur unter großen Anstrengungen zu gelingen scheint. Dagegen sind die Nutzer anscheinend direkt bereit, auf Smartphones und Tablets für digitale Inhalte Geld auszugeben. Dadurch bekommen die Inhaltsproduzenten einen Anreiz, weiter in digitales Publishing zu investieren.[12]

3.2 WoodWing

Die Firma WoodWing wurde in den Niederlanden im Jahr 2000 gegründet. Das Unternehmen konzentrierte sich zum Start als spezialisierter Systemintegrator auf Produktivitätswerkzeugen für die Produkte InDesign und InCopy von Adobe. Das Portfolio wurde zunehmend auf komplette Lösungen ausgebaut. Die einzelnen Produkte von WoodWing sind auf bestimmte Publishing Formen mit spezifischen Workflows und Anforderungen, wie Zeitungen, Bücher oder Geschäftsberichte

---

[11] Vgl. Benz, Kramer (2011), S. 146; Finsterbusch (2011), o. S.; WoodWing (2011) Digital Magazine Tools Analytics, S. 2
[12] Vgl. Meier, C. (2011), S. 5

ausgelegt. Dabei basieren alle Produkte auf der gleichen Software Basis von WoodWing, der ECM-Plattform Enterprise.[13]

3.2.1 Technik der ECM-Software

Der Enterprise-Server von WoodWing sorgt dafür, dass nicht mehrere Anwender zur gleichen Zeit auf die verwalteten Daten zugreifen können. Er administriert Texte, Bilder und Videos sowie die Design-Vorlagen. Lauffähig ist er auf allen aktuellen Betriebssystemen wie Linux, Mac OS X und Windows. Als weitere Software Vorrausetzungen sind ein Internet-Server, ein PHP-Interpreter (PHP Hypertext Preprocessor) und ein Datenbankserver zu installieren.[14]

Den Zugriff auf den Server bietet die Software „Smart Connection", die als Erweiterung von Adobe InDesign bzw. auch Adobe InCopy realisiert ist. Die Software „Content Station" von WoodWing ermöglicht eine Übersicht über das Material, welches auf dem Enterprise-Server gespeichert ist. Dabei erfolgen auch Zuordnungen von Artikeln zu Magazinen (siehe Abbildung 2). Ebenso wird der aktuelle Zustand des Workflows der Objekte angezeigt.[15]

WoodWing bietet für bestimmte Vertriebsformen den „Content Delivery Server" an. Dieser kann entweder als Software gekauft oder als Dienstleistung direkt bei WoodWing in Anspruch genommen werden. Wie die anderen Produkte von WoodWing ist der „Content Delivery Server" plattformunabhängig und läuft somit auf allen modernen Betriebssystemen. Die Software wird dann benötigt, wenn der Inhalt eines digitalen Magazins nicht direkt in der Datei bzw. im Programm (App) eingebettet ist, sondern von einem externen Server bezogen werden soll.[16]

3.2.2 Ausgabekanäle der ECM-Software

Die ECM-Software von WoodWing ist auf das Publizieren in und auf verschiedenen Medien ausgelegt. Sie bietet 5 Ausgabekanäle an. Eine Möglichkeit ist das Publizieren von Informationen in sozialen Netzwerken. Eine weitere das Publizieren von Inhalten auf mobilen Endgeräten. Hierunter fallen nicht nur Smartphones, sondern auch Tablets. Auch das Veröffentlichen im Internet bietet der Enterprise-

---

[13] Vgl. Benz, Kramer (2011), S. 144; WoodWing (o. J.) Unternehmensprofil, o. S.
[14] Vgl. Benz, Kramer (2011), S. 144; WoodWing (o. J.): iPad Publishing mit dem WoodWing Digital Magazine Tools, S. 1
[15] Vgl. Benz, Kramer (2011), S. 144
[16] Vgl. Benz, Kramer (2011), S. 145; WoodWing (o. J.): iPad Publishing mit dem WoodWing Digital Magazine Tools, S. 2

Server. Dazu wird aber ein separates Web Contenent Management System (WCMS) benötigt. Ebenso wird das Publizieren von Inhalten per Email ermöglicht. Die Inhalte können gezielt an einen Verteiler oder als Newsletter versandt werden. Das Verlegen von Inhalten per Druck ist die Ursprungsfunktionalität der ECM-Software von WoodWing. Die Abbildung 1 stellt die Ausgabekanäle nochmals grafisch dar.[17]

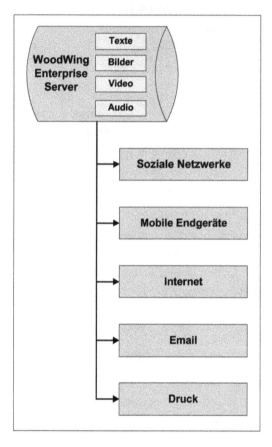

Abbildung 1: Ausgabekanäle der ECM-Software[18]

---

[17] Vgl. WoodWing (o. J.), Der WoodWing Publishing-Prozess, o. S.
[18] Vgl. WoodWing (o. J.), Der WoodWing Publishing-Prozess, o. S.

3.3 Wettbewerber Adobe

Das Konkurrenzprodukt von Adobe zu WoodWing ist die Digital Publishing Suite. Sie ist als Erweiterung für das Adobe Produkt InDesign erhältlich. Es sind schon über 100 Magazine mit der Software erstellt worden, wie z. B. das Wandermagazin oder The Frankfurt Globe. Die Suite unterstützt derzeit nur das Apple iPad. In den nächsten Versionen sollen dazu noch weitere Systeme kommen, unter anderem Android, Mac OS X und Windows.[19]

Die Erweiterung bereitet die Inhalte aus InDesign für den Adobe Content Viewer auf. Die Software Content Viewer ist eine Leseumgebung für das Apple iPad, sowie für die plattformunabhängige Laufzeitumgebung Adobe Integrated Runtime (Air). Inhaltsproduzenten können die Leseumgebung an ihre Magazine anpassen.[20]

Die Entwicklung der Digital Publishing Suite und der passenden Infrastruktur ist von Adobe noch nicht abgeschlossen. So muss ein Verlag vor Veröffentlichung seines Magazin im App-Store die fertige Datei des Magazins zu Adobe schicken und bekommt erst ein paar Tage später eine personalisierte App zurück, die dann vom Verlag veröffentlicht werden kann. Darüber hinaus arbeitet Adobe an einer Server-Struktur, die das Bereitstellen der Inhalte übernehmen soll. Auch steht der Dienst zum Auswertung der Kundeninformationen, wie in Kapitel 3.1 erwähnt, noch nicht bereit.[21]

---

[19] Vgl. Benz, Kramer (2011), S. 145, S. 146
[20] Vgl. Benz, Kramer (2011), S. 145
[21] Vgl. Benz, Kramer (2011), S. 145, S. 146

4   Erstellen eines digitalen Magazins mit WoodWing

4.1 Vorgehen

Die Redakteure erstellen und pflegen ihre Texte mit InCopy, eine Erweiterung von Adobe InDesign. Die Grafiker erstellen das Layout ebenfalls mit InDesign. Das Redaktionssystem sammelt alle Seiten, Bilder und weiteren Materialien für einen Artikel in einem Dossier. In jedem Dossier lassen sich für einen Artikel zwei Dokumente ablegen, jeweils eines für das Quer- und eines für das Hochformat. Eine Vorlage wird von WoodWing zu Ihren Produkten mitgeliefert. Sollte kein Hochformat angelegt sein, so generiert die Software automatisch eine Ansicht.[22]

Über die Erweiterung „Digital Magazine Tools", ebenfalls für Adobe InDesign, erzeugt ein Layouter interaktive Elemente in dem Magazin. So lassen sich Audio- und Video-Dateien aus dem Dossier oder direkt aus dem Internet übernehmen und automatisch abspielen. Der Layouter kann über die „Content Station" die fertigen Dossiers in die richtige Reihenfolge bringen. Der Export erfolgt dann als XML-Paket, welches, je nach Vertriebsform, auch Bilder, Video- und Audio-Dateien enthält.[23]

Im Falle des Publishings auf dem iPad muss das XML-Paket mit einer von WoodWing bereitgestellten Reader-App zusammengeführt werden. Dies erfolgt in dem Entwicklerwerkzeug XCode von Apple. Die Verlage können aber auch eigene Apps entwickeln, mit denen sie dann die Inhalte und die Darstellung zusammen bringen. Der komplette Ablauf wird nochmals in der Abbildung 2 dargestellt.[24]

4.2 Vorteile

Für jedes Szenario bietet das digitale Publishing eine Vertriebsart. So können Apps erstellt werden, in denen die Darstellung und der Inhalt gebündelt sind, Apps per Issue (siehe Abbildung 2). Sie eignen sich für Kataloge, Geschäftsberichte oder Sonderausgaben von Magazinen. Jede Ausgabe wird einzeln vertrieben. Die andere Möglichkeit ist, dass das App nur die Darstellung übernimmt. Der Inhalt ist

---

[22] Vgl. Benz, Kramer (2011), S. 144
[23] Vgl. Benz, Kramer (2011), S. 144
[24] Vgl. Benz, Kramer (2011), S. 144

verlinkt und die App holt diesen dann von externen Quellen ab, In-App-Purchase (siehe Abbildung 2). Dieses Vertriebsmodell bietet sich bei Zeitschriften an.[25]

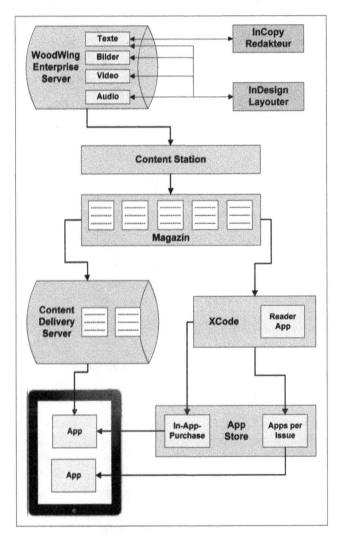

Abbildung 2: Ablauf der Erstellung eines Magazins[26]

---

[25] Vgl. Benz, Kramer (2011), S. 144; WoodWing (o. J.): iPad Publishing mit dem WoodWing Digital Magazine Tools, S. 4
[26] Eigene Darstellung in Anlehnung an: Benz, Kramer (2011), S. 146

4.3 Risiken

Einer der größten Herausforderungen beim Publizieren eines digitalen Magazins ist es mehrere Hardware-Plattformen zu unterstützen. Das Magazin soll auf allen Geräten eine einheitliche Darstellung der Inhalte bieten. Durch die unterschiedlichen Größen, Auflösungen und Formate der Displays, wird dies allerdings erschwert. Die Tabelle in Abbildung 3 zeigt beispielhaft 3 Geräte.[27]

Modell	Displaygröße	Displayauflösung	Seitenverhältnis
Apple iPad 2	9,7"	1024 x 768	4:3
Samsung GALAXY Tab	7"	1024 x 600	16:9
Motorola Xoom	10,1"	1200 x 800	16:10

Abbildung 3: Tabelle mit Gerätedaten[28]

Die Lösung für diese Herausforderung besteht entweder darin, dass die Publisher für jedes Gerät eine eigene Designvorlage erstellen oder aber die Lösung Artboards von WoodWing nutzen. Diese ermöglicht, dass ein einmalig erstelltes Layout automatisch optimal auf die einzelnen Geräte angepasst wird.[29]

Durch die bei keinem Gerät symmetrischen Displays werden die Bilder im Quer und Hochformat einzeln abgespeichert. Dadurch steigt die Dateigröße erheblich. Es existieren Ausgaben von Zeitschriften, die bis zu 600 Megabyte umfassen. Somit passen nicht sehr viele Magazine auf die Geräte, die es i. d. R. mit 16 Gigabyte, 16.000 Megabyte, gibt. Auch der teilweise begrenzte Arbeitsspeicher von Tablets spielt hier eine Rolle. Jede einzelne Seite liegt unkomprimiert im Arbeitsspeicher. Die App muss deswegen geschickt mit dem Arbeitsspeicher des jeweiligen Gerätes umgehen.[30]

---

[27] Vgl. WoodWing (2011) Digital Magazine Tools Artboards, S. 2
[28] Vgl. WoodWing (2011) Digital Magazine Tools Artboards, S. 2
[29] Vgl. WoodWing (2011) Digital Magazine Tools Artboards, S. 2
[30] Vgl. Benz, Kramer (2011), S. 147

5 Resümee

Der entscheidende Vorteil von digitalem Publishing gegenüber klassischem Publishing auf Papier ist die gezielte Auswertung des Verhaltens der Kunden. Die Möglichkeit genau zu analysieren, was die Kunden im Magazin wirklich interessiert hat, bietet eine große Chance für Verlage ihren Kunden genau das zu bieten, was sie wirklich konsumieren wollen. Die Verlage können ihre Inhalte gezielter publizieren. Allerdings müssen bei der Auswertung und Schaltung von passender Werbung Datenschutzrichtlinien beachtet werden.

Die Firma WoodWing bietet eine fast komplette Rundumlösung für das digitale Publishing. Ihre Produkte ergänzen die Standardprodukte im Verlagswesen, wie InCopy und InDesign von Adobe. Die Softwarelösungen von WoodWing sind modular aufgebaut. So können Verlage, die schon Produkte von WoodWing einsetzen, das digitale Publishing in ihren Workflow mit relativ geringem Aufwand einbinden. Durch die verschiedenen Ausgabekanäle, die die ECM-Software bietet, lassen sich die Inhalte gleichzeitig auf mehreren Vertriebswegen publizieren.

Das Erstellen eines digitalen Magazins mit den Softwarelösungen von WoodWing ist nicht sonderlich kompliziert. Die Redakteure und Designer müssen ihren Workflow nicht anpassen und können weiter in ihrer gewohnten Standardsoftware Inhalte erstellen. Auch der weitere Workflow muss nur in geringen Teilen angepasst werden. So muss der Layouter sich um die korrekte Darstellung und richtige Reihenfolge der Inhalte auf den Tablets kümmern.

Die flexible Erstellung der Apps bietet den Verlagen unterschiedliche Vertriebsarten. So kann für selten erscheinende Magazine eine App per Issue gewählt werden, die einzeln verkauft wird. Für regelmäßig erscheinende Magazine bietet sich die kostenlose App an, in der dann per In-App-Purchase die einzelnen Ausgaben verkauft werden. Um das Risiko eines ungleichen Lesegefühls der Kunden auf verschiedenen Geräten zu unterbinden, bietet WoodWing die Lösung Artboards.

Das digitale Publishing biete für die Verlage mehr Chancen als Risiken. Auch sind die Kunden bereit, für auf ihren Geräten angepasste Inhalte zu bezahlen. Diese Bereitschaft ist im Internet nicht weit verbreitet und bietet den Verlagen daher nach Jahren die Chance mit digitalen Inhalten ihren Umsatz und Gewinn zu steigern.

Literaturverzeichnis

Monographien

Kasdorf, W. E. (2003): the columbia guide to digital publishing, New York 2003

Meier, C. (2011): Erlösmodelle im E-Publishing, Hamburg 2011

Riggert, W. (2009): ECM – Enterprise Content Management, Wiesbaden 2009

Zeitungsartikel

Benz, B., Kramer, A.. (2011): Ein neues Lesegefühl, in: c`t, o. J., 2011, Ausgabe 5, S. 142-147

Internetseiten

AIIM (o. J.): About AIIM, URL: http://www.aiim.org/about, Abruf am 30.03.2011

Bear, J. H. (1997): Desktop Publishing Guide, URL: http://desktoppub.about.com/od/glossary/g/Electronic-Publishing.htm, Abruf am 14.04.2011

Finsterbusch, S. (2011): Die Verlage stecken mitten in einer technischen Revolution, URL: http://www.faz.net/-01s1vj, Abruf am 08.04.2011

ITWissen (o. J.): ePublishing, URL: http://www.itwissen.info/definition/lexikon/E-Publishing-ePublishing-electronic-publishing.html, Abruf am 14.04.2011

PCMag (o. J.) tablet computer, URL: http://www.pcmag.com/encyclopedia_term/0,2542,t=tablet+computer&i=52520,00.asp, Abruf am 14.04.2011

WoodWing (o. J.); Der WoodWing Publishing-Prozess, URL: http://www.woodwing.com/de/enterprise-publishing-system/publishing-process, Abruf am 20.04.2011

WoodWing (o. J.): Unternehmensprofil, URL: http://www.woodwing.com/de/Company_Profile, Abruf am 31.03.2011

White Paper

WoodWing (2011): Digital Magazine Tools Analytics, o. O. 2011

WoodWing (2011): Digital Magazine Tools Artboards, o. O. 2011

WoodWing (o. J.): iPad Publishing mit dem WoodWing Digital Magazine Tools, o. O. o. J.